GORILA REVEALED

O design sempre foi uma
ferramenta essencial para
comunicar ideias e construir
marcas. No centro desse
universo criativo, a Gorila Design
se desenvolveu combinando
estratégia, originalidade e
propósito.

Este livro revela os bastidores,
a essência e a filosofia por trás
da Gorila Design — uma jornada
de inovação, estratégia e arte.
Aqui, você encontrará mais do
que projetos; descobrirá a alma
por trás de cada traço, cor e
conceito.

Bem-vindo ao Gorila Revealed.

www.goriladesign.com

Minha jornada no design

Do Analógico ao Digital: Minha Jornada na Evolução do Design

Desde cedo, o desenho foi uma parte essencial da minha vida. Como qualquer outra criança, eu brincava e explorava o mundo ao meu redor, mas sempre reservava um tempo para rabiscar, criar personagens e dar vida a ideias no papel. O desenho não era apenas um passatempo, mas uma paixão que me motivava a querer aprender mais.

Antes da era digital, busquei aperfeiçoar essa habilidade por meio de cursos presenciais de desenho, onde aprendi técnicas manuais, sombreamento, proporção e composição. Foi nesse período que comecei a desenvolver um olhar atento aos detalhes, algo que mais tarde se tornaria indispensável na minha profissão.

Aos 16 anos, consegui minha primeira oportunidade profissional como aprendiz em uma agência de publicidade. Parecia um sonho realizado, mas também foi um choque de realidade. O design gráfico daquela época era um trabalho totalmente manual. Nada de Photoshop, Illustrator ou "Ctrl+Z". Utilizávamos pranchetas, réguas, esquadros, lápis, estiletes e muita cola. Minha função inicial era no paste-up, um processo que hoje parece arcaico, mas que, na época, era a base de qualquer criação publicitária. Os layouts eram montados fisicamente, recortando blocos de texto e imagens e colando tudo com precisão milimétrica.

O processo tipográfico era uma história à parte. Como não existiam fontes digitais, era necessário medir os espaços e solicitar a composição tipográfica às gráficas, que enviavam os textos impressos em papéis fotográficos. Com uma régua e um estilete, recortávamos cada trecho e o posicionávamos no layout. Se houvesse um erro? Nada de apagar e refazer. Era preciso recomeçar do zero.

Foi assim que aprendi sobre proporção, alinhamento, hierarquia visual e paciência. Cada projeto exigia um nível de precisão que poucos imaginam hoje. Essa base técnica foi essencial para que eu compreendesse o design de forma estrutural, indo muito além das ferramentas.

A revolução digital transformou completamente a profissão. Os primeiros Macintosh chegaram às agências trazendo softwares que mudariam tudo: PageMaker, FreeHand e Photoshop. Lembro-me da sensação de abrir um arquivo no Photoshop pela primeira vez e perceber que podia mudar uma cor com um clique, algo que antes levaria horas. De repente, um mundo de possibilidades se abriu, onde testar cores, aplicar degradês e explorar efeitos tornou-se instantâneo.

Acompanhei todas as versões do Photoshop, Illustrator e InDesign, vendo esses softwares evoluírem e se tornarem ferramentas indispensáveis no mercado. Trabalhei por anos com FreeHand e CorelDRAW, que foi um dos programas de ilustração vetorial mais utilizados antes do Illustrator dominá-lo completamente.

Hoje, o design gráfico é um campo extremamente digital, mas o que nunca mudou foi a necessidade de um olhar treinado, de um pensamento estratégico e de um conceito bem definido. A tecnologia facilitou os processos, mas não substituiu a criatividade e o senso estético.

Este livro é mais do que um guia sobre criação de logotipos. Ele é uma ponte entre o passado e o presente, entre o design artesanal e o digital, entre a tradição e a inovação. O design sempre evolui, mas uma coisa é certa: um bom design é atemporal.

Denis Affonso

A História, a Evolução e o Impacto Visual das Marcas

Introdução

Os logotipos estão por toda parte. Desde o momento em que acordamos e pegamos o celular até quando saímos para o trabalho, tomamos café ou caminhamos pela cidade, somos bombardeados por símbolos, palavras e imagens que representam empresas, instituições e produtos. Mas, antes de um logotipo se tornar icônico, há um longo processo criativo e histórico por trás de sua construção.

Este livro é um mergulho profundo na criação de logotipos, explorando sua origem, evolução e impacto cultural. Vamos entender como simples traços e tipografias podem definir a identidade de uma marca e explorar os principais movimentos que moldaram o design gráfico como o conhecemos hoje.

Seja um designer, um empreendedor ou apenas um curioso pelo tema, ao final deste livro você verá os logotipos sob uma nova perspectiva.

01.

A Origem dos Logotipos

Os primeiros registros Visuais

A necessidade de identificar algo visualmente é tão antiga quanto a própria humanidade. Desde as primeiras civilizações, marcas visuais foram utilizadas para distinguir pertences, indicar propriedade e até contar histórias.

Na antiguidade, ceramistas chineses e romanos gravavam símbolos em seus produtos para garantir autenticidade e qualidade. No Egito Antigo, hieróglifos eram usados para identificar pertences de faraós. No Japão, os mon (signos ou emblemas) surgiram no século XVII para representar clãs samurais e, posteriormente, se tornaram marcas de famílias e empresas.

Durante a Idade Média, os monogramas começaram a ser utilizados em brasões, selos e assinaturas de artistas. Era uma maneira de identificar um indivíduo ou uma organização de forma única, e essa tradição perdurou por séculos.

Foi apenas com a Revolução Industrial que os logotipos começaram a ganhar um papel mais estruturado no mundo comercial. Com o crescimento das empresas e a necessidade de diferenciação, surgiram os primeiros logotipos modernos.

Um exemplo notável é o triângulo vermelho da cervejaria Bass, registrado no Reino Unido em 1875 como a primeira marca registrada oficialmente. Esse marco inaugurou a era da proteção legal das identidades visuais, garantindo que empresas pudessem preservar suas marcas contra cópias.

Cervejaria Bass, primeira marca
registrada oficialmente no Reino Unido
em 1875.

02.

A Revolução do Design Moderno

A influência do Modernismo e do Bauhaus

No início do século XX, o design gráfico passou por uma transformação radical. Movimentos artísticos como De Stijl e Bauhaus trouxeram uma abordagem minimalista e funcional, rejeitando ornamentos desnecessários e focando em formas geométricas e cores primárias.

Essa nova filosofia impactou diretamente a criação de logotipos. Até então, muitas marcas utilizavam emblemas detalhados e caligrafias ornamentadas. Com o modernismo, a ideia era simplificar ao máximo, tornando os logotipos mais legíveis e versáteis.

Foi nesse período que surgiram algumas das bases do design gráfico moderno:
• Uso de formas geométricas simples.
• Tipografia limpa e objetiva.
• Cores sólidas e contrastantes.
• Foco na funcionalidade e legibilidade.

O impacto dessa mudança pode ser visto em marcas que adotaram a simplicidade como identidade visual, como a Helvetica, que viria a se tornar um dos pilares do design corporativo nos anos 1950.

O estilo Suíço e o Boom dos logotipos modernos.

A década de 1950 foi um período revolucionário para o design de logotipos. Na Suíça, surgiu o Estilo Tipográfico Internacional (Swiss Style), que enfatizava o uso de grades matemáticas, espaçamentos precisos e tipografias sem serifa.

Esse estilo influenciou diretamente a criação de logotipos mais simples e atemporais. Empresas começaram a abandonar brasões complexos e adotar wordmarks (logotipos baseados em tipografia), como os icônicos logotipos da IBM, American Airlines e Lufthansa.

1924 - 1946   1946 - 1956

Antes de 1950   1953 - 1963   1963 - 2018

A tipografia Helvetica, criada em 1957, tornou-se a queridinha do design corporativo e foi amplamente adotada por empresas que queriam transmitir uma imagem moderna, confiável e neutra.

Helvetica
Helvetica

Tipografoa Helvetica criada em 1957.

03.

A Revolução Digital e a Era dos Logotipos Flexíveis

A explosão do Design Digital nos anos 90

Com a chegada dos computadores e softwares de edição gráfica nos anos 90, o design de logotipos passou por outra grande mudança. A facilidade de manipular imagens digitalmente levou a uma era de excessos, onde sombras, gradientes e efeitos 3D dominavam o mercado.

Essa febre dos efeitos tridimensionais fez com que muitas marcas buscassem se modernizar adicionando elementos chamativos aos seus logotipos. No entanto, essa tendência não durou muito tempo.

Nos anos 2000, marcas como Apple e Google começaram a simplificar seus logotipos novamente, eliminando texturas, brilhos e detalhes desnecessários. O conceito passou a ser "menos é mais", seguindo a máxima do design minimalista.

Hoje, a maioria dos logotipos é pensada para funcionar perfeitamente em qualquer plataforma, desde telas de celular até outdoors.

Exemplos de Logotipos com efeitos 3D

A Nova Era: Logotipos Dinâmicos e Identidade Mutável

Nos últimos anos, algumas marcas estão questionando a necessidade de um logotipo fixo. Com a multiplicidade de mídias e formatos digitais, surgiram as identidades visuais flexíveis, que podem mudar conforme o contexto.

Por exemplo, empresas como Google e MTV adotaram logotipos dinâmicos, que podem variar em cor, estilo e animação sem perder sua identidade central. Esse conceito reflete a necessidade de adaptação constante no mundo digital.

Logotipos MTV dinâmicos

04.

Como Criar um Logotipo Memorável

Passo 1: Compreenda os Princípios Fundamentais de um Bom Logotipo

Se você deseja criar um logotipo memorável, é essencial seguir alguns princípios básicos:

- **Simplicidade:** Um design simples facilita a memorização e o reconhecimento. Quanto mais limpo e objetivo, mais impacto ele terá.

- **Versatilidade:** Seu logotipo deve funcionar bem em qualquer formato e tamanho, seja em um cartão de visita ou um outdoor. Ele precisa ser eficaz tanto em cores quanto em preto e branco.

- **Memorabilidade:** O objetivo é criar algo único, que se destaque e permaneça na mente das pessoas.

- **Relevância:** Cada elemento do logotipo precisa estar alinhado à mensagem e aos valores da marca, garantindo uma conexão com o público certo.

Passo 2: Tipos de Logotipo

Existem quatro tipos principais de logotipos, cada um com características e aplicações distintas:

1. Logotipo Tipográfico (Wordmark)

Se o logotipo contém apenas texto, a tipografia é a estrela principal do design. Veja alguns aspectos essenciais:

Como Escolher a Fonte Ideal

• **Personalidade:** A escolha da tipografia deve refletir a essência da marca. Fontes serifadas transmitem tradição e sofisticação, enquanto fontes sans-serif trazem modernidade e minimalismo.

• **Legibilidade:** O texto deve ser claro e fácil de ler em qualquer aplicação.

• **Atemporalidade:** Evite modismos passageiros e escolha uma fonte que tenha longevidade.

2. Logotipo com Símbolo (Brandmark)

Este tipo de logotipo combina um ícone ou símbolo visual para representar a marca sem necessariamente incluir texto.

Como Criar um Símbolo Impactante

• **Simplicidade:** Símbolos muito complexos podem dificultar o reconhecimento.

• **Versatilidade:** Deve funcionar tanto em versões reduzidas quanto ampliadas.

• **Significado:** O ícone deve reforçar a identidade e os valores da marca.

• **Originalidade:** O design precisa ser único e não parecer genérico ou copiado.

3. Logotipo Combinado (Combination Mark)

Este formato une texto e símbolo, oferecendo mais flexibilidade na aplicação.

Vantagens do Logotipo Combinado

• **Adaptabilidade:** Pode ser usado apenas o símbolo ou apenas a tipografia, dependendo da necessidade.

• **Identidade Forte:** A junção do nome com um ícone facilita a memorização da marca.

• **Evolução Natural:** Com o tempo, a empresa pode remover o texto e usar apenas o símbolo.

4. Logotipo Emblema (Emblem)

Este tipo de logotipo possui texto dentro de um símbolo ou insígnia, sendo muito utilizado por marcas tradicionais e instituições.

Características do Logotipo Emblema

• **Aparência Clássica:** Geralmente associado a escolas, selos governamentais e empresas tradicionais.

• **Complexidade Visual:** Pode ser mais detalhado do que os outros tipos de logotipo.

• **Menor Flexibilidade:** Nem sempre funciona bem em tamanhos reduzidos.

Passo 3: Pesquise e Encontre Inspirações

Criar um logotipo memorável exige mais do que criatividade – requer pesquisa, experimentação e refinamento.

Onde Buscar Inspiração?

• **Livros:** "Logo Modernism" de Jens Müller, "Designing Brand Identity" de Alina Wheeler e "Grid Systems in Graphic Design" de Josef Müller-Brockmann.

• **Plataformas Online:** Pinterest, Dribbble e Behance são ótimos para descobrir tendências e referências.

• **Outras Áreas:** A arte, a arquitetura e a natureza podem trazer insights valiosos.

• **Designers renomados:** Acompanhe profissionais que você admira e estude seus trabalhos.

Passo 4: Planejamento e Ferramentas Essenciais

Antes de começar a criar, tenha certeza de que você tem as informações necessárias para o projeto:

• **Qual é o nome da marca?**

• **Qual é o segmento da empresa?**

• **Quem é o público-alvo?**

• **Existe uma identidade visual já definida?**

• **Existe alguma preferência de cor ou tipografia?**

Nesta etapa, é essencial realizar uma reunião de briefing ou, alternativamente, o cliente pode preencher um formulário detalhado com perguntas específicas sobre a criação do logo.

Ferramentas Necessárias

Analógico: Caderno com grid, lápis e borracha.

Digital: Adobe Illustrator e Adobe Photoshop.

Fontes: Google Fonts, Adobe Fonts e Envato.

Paletas de Cores: Adobe Color e Coolors.

Passo 5: Desenvolva a Identidade Visual

Agora é hora de colocar a mão na massa!

Etapas do Processo Criativo

1. Coletar Referências: Antes de começar o design, reúna várias referências que possam enriquecer o projeto.

2.Esboços Iniciais: Pegue lápis e papel e faça vários esboços, testando formas, tipografias e composições.

3. Digitalização: Após definir um esboço forte, passe para o Adobe Illustrator, onde você criará a versão vetorial do logotipo.

4. Ajustes e Refinamento: Trabalhe na harmonia dos elementos, ajuste espaçamentos, alinhe formas e defina a paleta de cores.

5. Teste de Aplicação: Verifique como o logotipo se comporta em diferentes suportes e tamanhos para garantir que funcione bem em todas as aplicações.

Passo 6: Criação da Apresentação para o Cliente

Depois de finalizar o logotipo, é essencial preparar uma apresentação profissional para o cliente. Essa apresentação ajudará a demonstrar a lógica por trás do design e como ele se comporta em diferentes aplicações.

Como Criar uma Apresentação Impactante

1. Introdução e Conceito: Explique a ideia central do logotipo, destacando os elementos visuais e o significado por trás de cada detalhe.

2. Versões do Logotipo: Apresente as variações do logotipo, incluindo versões monocromáticas, simplificadas e alternativas para diferentes mídias.

3. Aplicação da Marca em Mockups: Utilize mockups para ilustrar como o logotipo será aplicado em cartões de visita, embalagens, uniformes, sites e redes sociais. Isso ajuda o cliente a visualizar o impacto do design no mundo real.

4. Paleta de Cores e Tipografia: Mostre a escolha das cores e fontes utilizadas, explicando como elas reforçam a identidade da marca.

5. Conclusão e Próximos Passos: Finalize a apresentação reforçando os benefícios do design e orientando o cliente sobre os próximos passos, como a entrega dos arquivos finais e orientações de uso da identidade visual.

A Jornada do Design de Logos

Criar um logotipo memorável é um processo que exige técnica, pesquisa e refinamento. Cada escolha, da tipografia ao símbolo, deve ser pensada estrategicamente para comunicar a identidade da marca.

Lembre-se: um bom logotipo não é apenas bonito – ele precisa ser funcional, impactante e permanecer na memória do público!

05.

Construção do Logo da Nord Haus

Vamos agora explorar um case da Gorila Design desde o início.

Conhecendo a Nord Haus

Tive o privilégio de criar essa marca desde o início, quando fui procurado por Emerson Castro, fundador e idealizador da Nord Haus – que hoje se tornou um grande amigo. Ao longo do tempo, desenvolvemos outras marcas juntos, fortalecendo nossa parceria. Acompanhei o projeto desde a fase de obras e restauração da construção até a chegada dos barris para fabricação e armazenamento das cervejas, além da produção das primeiras amostras. Foi uma experiência verdadeiramente incrível e enriquecedora.

Criar um logotipo não é apenas sobre estética, é sobre capturar a essência de uma marca e traduzi-la visualmente de forma autêntica. E poucas marcas carregam tanta história e identidade quanto a Nord Haus, uma cervejaria artesanal localizada em Juazeiro do Norte, cidade rica em cultura e tradição.

O conceito da Nord Haus vai muito além da produção de cerveja. A marca nasceu inspirada na força do Rio São Francisco, em suas pontes imponentes e no pôr do sol que banha suas margens. Cada gole de sua cerveja artesanal carrega não apenas sabor, mas também um pedaço dessa paisagem e desse legado.

Além disso, a cervejaria opera em uma estrutura tombada pelo governo, um prédio histórico que carrega memórias e simboliza a preservação do passado em um contexto moderno. Essa mistura de tradição e inovação precisava estar refletida no logotipo.

E foi aí que começou o desafio da Gorila Design: transformar essa riqueza cultural em um símbolo forte, marcante e atemporal.

Construindo o Logo da Nord Haus

Criar um logotipo para uma marca tão cheia de significados exigiu um processo estruturado e um olhar detalhista. A abordagem da Gorila Design foi baseada na pesquisa e na imersão nos valores da Nord Haus para garantir que cada elemento fosse carregado de propósito.

Elementos Visuais do Logo.

O logotipo precisava comunicar não apenas a identidade visual da cervejaria, mas toda a experiência envolvida em saborear uma Nord Haus. Cada detalhe foi escolhido com um significado por trás.

Referência ao Rio São Francisco: O Rio São Francisco é um dos ícones da região e a alma do projeto. As formas fluidas no design representam o movimento das águas, trazendo a sensação de algo que está sempre em fluxo, vivo e forte – exatamente como a tradição cervejeira da Nord Haus.

Estrutura Geométrica Inspirada em Pontes: As pontes do Rio São Francisco não são apenas estruturas de concreto, mas sim símbolos de conexão, passagem e história. Incorporar essa referência no design trouxe um elemento de solidez e união ao logo, transmitindo segurança e a tradição da marca.

20 — — 19

NORD HAUS
Beer

✦ ✦ ✦ ✦ ✦

Cores Inspiradas no Pôr do Sol: O pôr do sol na região do Rio São Francisco é um espetáculo à parte. Tons de laranja, dourado e vermelho queimado foram escolhidos para refletir a sensação de aconchego e sofisticação, além de evocarem o calor e a riqueza dos ingredientes utilizados na cerveja artesanal.

Tipografia Moderna e Estruturada: A escolha da fonte precisava equilibrar tradição e modernidade. O logotipo utiliza uma tipografia estruturada e elegante, que transmite a herança artesanal da cervejaria, mas com um toque contemporâneo, refletindo a inovação e a qualidade premium de seus produtos.

O resultado foi um logotipo impactante, autêntico e cheio de identidade, que traduz visualmente o que a Nord Haus representa.

06.

Exemplos de Logos Criados pela Gorila Design

JAH

AÇAÍ | ICE CREAM

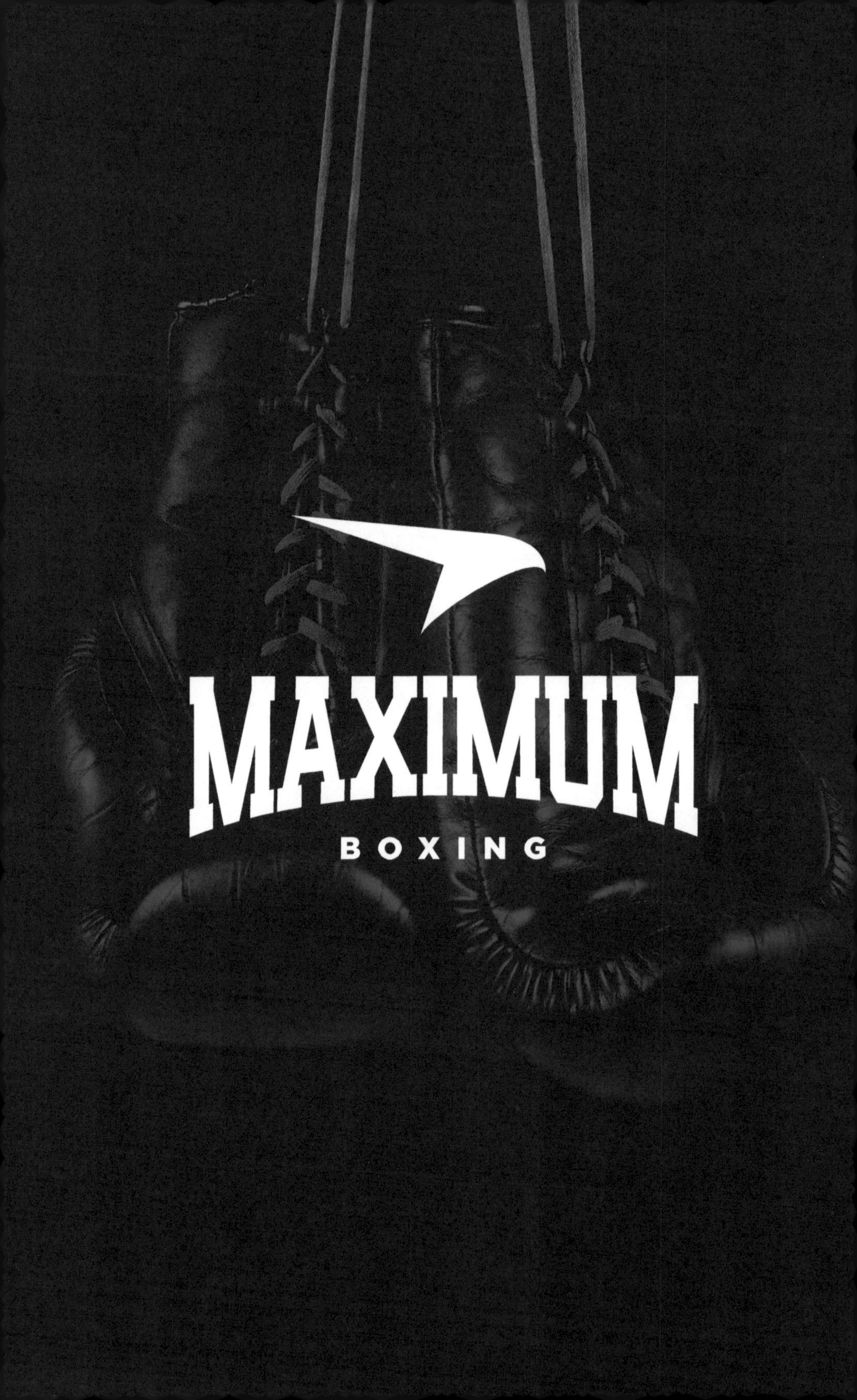
MAXIMUM
BOXING

ESTD 2020

INSTINTO

BURGER & STEAKS

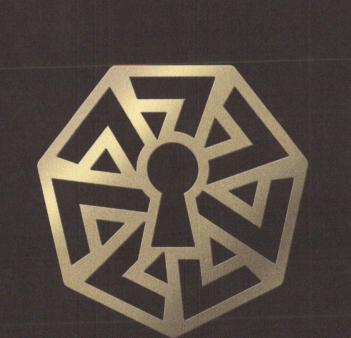

CANTORINA.COM.BR

PEDIDOS E
PROMOÇÕES

CANTORINA

PIZZARIA

COSA NOSTRA

BEER TRUCK

COFFEE
&FEEL

ESPRESSO

Este é o processo criativo da Gorila Design. Ao longo dos anos, foram desenvolvidas inúmeras identidades visuais para marcas de diferentes segmentos, cada uma com seu DNA único e soluções visuais alinhadas ao seu posicionamento.

Cada logotipo é uma fusão entre pesquisa, conceito e execução, garantindo que nenhuma marca seja apenas "mais uma" no mercado. O objetivo sempre é criar algo memorável, funcional e atemporal, que se conecte emocionalmente com o público-alvo.

Cada projeto tem sua história, seus desafios e sua própria solução visual. O design não é uma fórmula pronta, mas sim uma construção feita sob medida para cada marca.

Conclusão:
A Jornada do Design
de Logos

Acompanhar o processo de criação do logo da Nord Haus foi como seguir uma trilha bem definida: começamos com pesquisa, mergulhamos na essência da marca, exploramos conceitos e refinamos até chegar a um resultado profissional. E é assim que deve ser.

Criar um logotipo vai muito além de apenas abrir um software de design e testar formas e fontes. É sobre traduzir visualmente a alma de uma marca, criar algo que tenha significado, impacto e durabilidade.

O projeto da Nord Haus mostrou que um bom logo não nasce do acaso. Ele é resultado de decisões pensadas, testes, refinamentos e, principalmente, uma forte conexão com a história da marca.

E assim, encerramos este capítulo. Mas a jornada do design não para por aqui. No próximo volume, vamos explorar um novo desafio: o design de embalagens, desde a ideia inicial até o impacto nas prateleiras. Porque, no fim das contas, cada detalhe visual tem o poder de contar uma história.

Agora você conhece o processo. Agora você entende que um logotipo não é apenas um símbolo, mas uma assinatura visual que representa tudo o que uma marca é e pretende ser.

E então, pronto para criar sua própria marca memorável?